Raoul Téves

Aubes!!

Poêmes années 2020

Rock

En 77
Dans un appart
Avec Eudeline,
Une guitare à la main,

Je claque les accords
De «Can't explain»:
Who is who?!

Les affiches de
Tissus noirs
Sont au mur...

Au matin,
Je prépare les spaghettis.

                RT 90.
                RT 77.

Jour

J'ai une seule,
Impacience et tendresse,
C'est attendre que le jour
Se lève,

Voir cette visible
Trace des chants noirs
Et jaunis...

Un loup passe,
Souvenez-vous
De vos vieilles angoisses
Debussy ?

2018.

Dessous.

Voyez sur l'aube!
Le chemin des hommes
La métaphore continue
Les éffluves désirantes;

Un chemin de regards,
Un souci des existences
Servir le mâchement
Des arbres dans l'ingénu.

Pré-aube précipice
Crépuscule.
La vie est engloutie
Dans ton craquellement
Des colonnes de pierre,

Des Hercules féroces,
Ennui déjà du langage,
Dans l'effarouchement
              Des nuits

Quartier,

Les disparus
De mon quartier
Où sont ils ?
A boire jet 27 ?

Tee shirt
Eté comme hiver
Rencontrés
Et vus au BH,
Leçon d'alcool
Pour une jeune vie :
Jet 27 !!

Ton coeur est vide
Et ton corps est en vie,
Ouvrier suicidé
Dans la métaphysique
Des comptoirs

Bilan ?
Quand une cendre
Tombe par terre
Ca m'dérange pas !

Noël René.

Le vieux
Y buvait
Y meurt.

Origine inconnue
Sous classé
Petite cote
Marteau sombre

Son origine
Clignotte de son
Grand coeur,
Et de son gros
Corps;
Personage
D'un quartier
«Cruauté».

Marquis d'comptoir
Tu finiras Rat !

Au caniveau
Avec ton gros canif
Qui est toujours,
Dans sa petite housse

Le mec de Belgique
Appart blanc
Bourgeois

Qui mange son steack
Archi-cuit.

Maman regarde...
Les filles sont belles
Nous sommes à Ostende.
Ville Refaite
Années 77

La danse de la
Grosse,
Quelque part sur
Un quai de Rambouillet,
Je l'attend,
Je lui parle,
Et elle m'envoit ses
Yeux ronds !

La danse de la grosse,
Avec ses basket,
Et sa moue si peu
Profonde

Mais si gentille...
Elle est si bonne.

La souris

Ce soir
Je dresse
Ma souris,
Qui est
De la nuit
Des fauves !

La grisatre
Bien sale !...
Nettoye
Mon âme
Légère.

Son petit oeil,
Un seul,
Me lance
Sa flamme
Scintillante...

La souris
Elle,
Ne vient
Que par ci
Par là
Son heure
Pour bouffer
Son araignée
Crevée
Qu'elle
S'égosille !

Et le copain,
Son copain.
Doit être un
Profond du monde
Des seuls.

2004.

Presque pénombre.

J'étais dans cette presque pénombre
Profonde des Bruckner
De si loin parti en devenir
De cette chaste beauté
De mes monde chimériques

J'étais dans cette presque pénombre,
Qui me flanque de belles évasions
Au fond des accords triples.

Presque pénombre de la pré-aube
Grise et phallique des mystères,
Au marais salant de la Seine;

Je nageais dans les bulles
Au cafard sombre des cris,
Et des notes du Te-deum des visions

Cancer

Tu connais la piaule
Là où tu crêches

Où les regards sont morts
Et où il n'y a personne...

Les hallucinations te traversent
La famille t'y a oublié,
La piaule est là.

C'est la cause de la subjectivité
Toujours courage !

Pour Jacque Cochet

2002.

FIN

Raoul Téves

Dépôt légal : avril 2021

Édition : BoD – Books on Demand,
12/14 rond-point des Champs-Élysées,
75008 Paris. Impression : BoD - Books
on Demand, Norderstedt, Allemagne
 2021